# CHICHEN-ITZA.

Chichén Itzá (en maya: Boca-del-pozo (chichén) de los brujos-de-agua (Itzá)). es uno de los principales sitios arqueológicos de la península de Yucatán, en México. Está ubicado en el municipio de Tinum, en el estado de Yucatán. Consistió en una ciudad2 o un centro ceremonial, que pasó por diversas épocas constructivas e influencias de los distintos pueblos que la ocuparon y que la impulsaron desde su fundación. Vestigio importante y renombrado de la civilización maya, las edificaciones principales que ahí perduran corresponden al periodo denominado clásico tardío o postclásico temprano (800-1100 d. C.).

Fue inscrita en la lista del Patrimonio de la Humanidad por la Unesco en 1988.

El 7 de julio de 2007, el Templo de

Kukulcán, ubicado en Chichén Itzá, fue reconocido como una de las nuevas siete maravillas del mundo moderno, por una iniciativa privada sin el apoyo de la Unesco, pero con el reconocimiento de millones de votantes alrededor del mundo.

La arquitectura monumental que ha llegado hasta nuestros días, que es emblemática del yacimiento, tiene una clara influencia tolteca. El dios que preside el sitio, según la mitología maya, es Kukulkán, representación maya de Quetzalcóatl, dios tomado del panteón de la cultura tolteca

**Evolución del sitio.**

El Templo de Kukulcán fotografiado por Teobert Maler en 1892

De acuerdo con la evidencia disponible, es posible que muchas de las construcciones principales de la ciudad hayan sido destruida y reconstruidas más tarde. Se puede decir que el declive de Chichén Itzá se dio en un contexto de violencia, que condujo a la pérdida de la hegemonía Chichén Itzá en el Mayab.

Se formó la Liga de Mayapán, que fue una unión de casas sacerdotales de la península, entre las que las más importantes eran Uxmal, Mayapán y Chichén Itzá. Sin embargo, esta liga fue destruida por un desacuerdo entre los caciques (halach uinik) de los participantes que llevó a una declaración de guerra de uno de ellos, Hunac Ceel, quien se proclamó halach uinik de Mayapán. Esto originó la ruptura con los Itzá es, quienes perdieron el conflicto y debieron eventualmente huir en el año 1194 d. C. y refugiarse en el Petén, de donde habían venido originalmente hacía casi diez siglos.

A diferencia del inicio, cuando Chichén fue fundada, en que los mayas venidos de oriente buscaban la paz y el desarrollo de su pueblo estableciéndose en el Mayab (en lengua maya: má 'no'; yab 'mucho, muchos'; el lugar para unos cuantos, 'para no muchos' —nombre que tenía la región toda antes de la llegada de los españoles—, al final, 1000 años después, la propia región se había convertido en lugar de pugnas y de luchas. En la caída, la élite estaba formada por guerreros, sacerdotes y comerciantes que gobernaban Chichén Itzá. Ellos habían introducido el culto al dios Kukulcán. Había levantado impresionantes construcciones con taludes y muros verticales y representaciones del dios pájaro-serpiente que vino de afuera. En el proceso de declinación el militarismo fue el fundamento indudable de esta cultura. Esto se hace evidente en el monumento llamado Plataforma de las Calaveras, donde exhibían, clavados en estacas, los cráneos de cientos de enemigos.

Chichén Itzá conservaba su fama de sitio sagrado en la época de la conquista, y aún acudían a la antigua capital de los Itzá es peregrinos mayas a realizar rituales en el Cenote Sagrado, en el Castillo y el Osario. Por la importancia de Chichén Itzá, Francisco de Montejo llegó a plantear establecer ahí la capital de la provincia de Yucatán, aunque la idea no prosperó. Los cronistas de la época, como fray Diego de Landa, quedaron impresionados por las dimensiones de Chichén Itzá y por sus bien conservadas construcciones.

Arquitectura. Chichén Itzá (en maya: Boca-del-pozo (chichén) de los brujos-de-agua (Itzá)). es uno de los principales sitios arqueológicos de la península de Yucatán, en México. Está ubicado en el municipio de Tinum, en el estado de Yucatán. Consistió en una ciudad2 o un centro ceremonial, que pasó por diversas épocas constructivas e influencias de los distintos pueblos que la ocuparon y que la impulsaron desde su fundación. Vestigio importante y renombrado de la civilización maya, las edificaciones principales que ahí perduran corresponden al periodo denominado clásico tardío o postclásico temprano (800-1100 d. C.).

Fue inscrita en la lista del Patrimonio de la Humanidad por la Unesco en 1988.

El 7 de julio de 2007, el Templo de Kukulcán, ubicado en Chichén Itzá, fue reconocido como una de las nuevas siete maravillas del mundo moderno, por una iniciativa privada sin el apoyo de la Unesco, pero con el reconocimiento de millones de votantes alrededor del mundo.

La arquitectura monumental que ha llegado hasta nuestros días, que es emblemática del yacimiento, tiene una clara influencia tolteca. El dios que preside el sitio, según la mitología maya, es Kukulkán, representación maya de Quetzalcóatl, dios tomado del panteón de la cultura tolteca

Evolución del sitio

El Templo de Kukulcán fotografiado por Teobert Maler en 1892

De acuerdo con la evidencia disponible, es posible que muchas de las construcciones principales de la ciudad hayan sido destruida y reconstruidas más tarde. Se puede decir que el declive de Chichén Itzá se dio en un contexto de violencia, que condujo a la pérdida de la hegemonía Chichén Itzá en el Mayab.

Se formó la Liga de Mayapán, que fue una unión de casas sacerdotales de la península, entre las que las más importantes eran Uxmal, Mayapán y Chichén Itzá. Sin embargo, esta liga fue destruida por un desacuerdo entre los caciques (halach uinik) de los participantes que llevó a una declaración de guerra de uno de ellos, Hunac Ceel, quien se proclamó halach uinik de Mayapán. Esto originó la ruptura con los

Itzá es, quienes perdieron el conflicto y debieron eventualmente huir en el año 1194 d. C. y refugiarse en el Petén, de donde habían venido originalmente hacía casi diez siglos.

A diferencia del inicio, cuando Chichén fue fundada, en que los mayas venidos de oriente buscaban la paz y el desarrollo de su pueblo estableciéndose en el Mayab (en lengua maya: má 'no'; yab 'mucho, muchos'; el lugar para unos cuantos, 'para no muchos' —nombre que tenía la región toda antes de la llegada de los españoles—, al final, 1000 años después, la propia región se había convertido en lugar de pugnas y de luchas. En la caída, la élite estaba formada por guerreros, sacerdotes y comerciantes que gobernaban Chichén Itzá. Ellos habían introducido el culto al dios Kukulcán. Había levantado impresionantes construcciones con taludes y muros verticales y representaciones del dios pájaro-serpiente que vino de afuera. En el proceso de declinación el militarismo fue el fundamento indudable de esta cultura. Esto se hace evidente en el monumento llamado Plataforma de las Calaveras, donde exhibían, clavados en estacas, los cráneos de cientos de enemigos.

Chichén Itzá conservaba su fama de sitio sagrado en la época de la conquista, y aún acudían a la antigua capital de los Itzá es peregrinos mayas a realizar rituales en el Cenote Sagrado, en el Castillo y el Osario. Por la importancia de Chichén Itzá, Francisco de Montejo llegó a plantear establecer ahí la capital de la provincia de Yucatán, aunque la idea no prosperó. Los cronistas de la época, como fray Diego de Landa, quedaron impresionados por las dimensiones de Chichén Itzá y por sus bien conservadas construcciones

Arquitectura

Las edificaciones de Chichén Itzá muestran un gran número de elementos arquitectónicos e iconográficos que algunos historiadores han querido llamar mexicanizados. Lo cierto es que es visible la influencia de las culturas provenientes del altiplano mexicano, y la mezcla con el estilo Puuc, proveniente de la zona alta de la península, de la arquitectura clásica maya. La presencia de estos elementos procedentes de las culturas del altiplano fue concebida hasta hace algunos años como producto de una migración masiva o conquista de la ciudad maya por parte de grupos toltecas. Sin embargo, estudios más recientes sugieren que pudieron haber sido la expresión cultural de un sistema político muy extendido y prestigioso durante el posclásico temprano en toda Mesoamérica.

chichen itza

chichen itza

chichen itza

chichen itza

chichen itza

chichen itza

chichen itza

chichen itza

chichen itza

chichen itza

chichen itza

chichen itza

chichen itza

chichen itza

chichen itza

chichen itza

chichen itza

chichen itza

chichen itza

chichen itza

chichen itza

chichen itza

chichen itza

chichen itza

chichen itza

chichen itza

chichen itza

chichen itza

chichen itza

chichen itza

chichen itza

chichen itza

chichen itza

chichen itza

chichen itza

chichen itza

9 798595 509275